Liebe Leserinnen und liebe Leser,

sehr herzlich begrüße ich Sie zu diesem
ENTGEGEN DER ZEIT – SONDERBAND 3

In diesem Sammelwerk ist eine Vielzahl meiner
Texte in Kapitel aufgeteilt.
Den Beginn macht das Kapitel über die Stadt, in
der das Schreiben seinen Ursprung fand. Die Stadt
Marburg. Dieser Stadt habe ich Texte gewidmet,
welche auch für Sie liebe Leserinnen und liebe
Leser interessant erscheinen können, um Marburg
kennenzulernen oder zu entdecken.

Ein weiteres Kapitel ist noch die
Personaldienstleistung, also die Zeit- und
Leiharbeit, welche meinen Werdegang begleitet
hat und somit auch das letzte Kapitel des Bandes
nämlich den Werdegang anknüpft.

Ich wünschen Ihnen Allen eine angenehme Reise
durch diesen Band und freue wirklich sehr, wenn
ich Ihnen wieder manche Textstücke näherbringen
kann, da es vielleicht Situationen und Erlebnisse
sind, die Ihnen gar auch vertraut vorkommen.

Eine schöne und angenehme Zeit wünscht Ihnen,

Christian Hofmann

1. Kapitel
Die Lyrik von Marburg

Marburg An Der Lahn
Kultur- Und Freizeitzentrum
Friedrichsplatz

Die Busfahrt – Stadtbus
Die Oberstadt
Marburgs Szene

Northampton Park
Das Landgrafenschloss
Kinder- Und Jugendförderung

Die Straßen Wehrdas
Marburger Tage
Spiegelslust

Jugendhaus Compass (Widmung Open-Stage)
Marburg Und Gießen
Die Lyrik Von Marburg

Marburg An Der Lahn

Welch schönes Städtchen es doch ist
Das schöne Marburg an der Lahn
Das Panorama dieser Stadt am Erlenring
Oh ja, die Liebe zu Marburg hat's mir angetan

Ob in der Oberstadt, am Lahnufer oder den
Lahnterrassen, in den Bars und in den Clubs da –
Lass ich mir sehr gerne einschenken
In die Gläser und in die Tassen

Auch für das leibliche Wohl
Sind Marburgs Küchen sagenhaften am Sorgen
Kulinarische Küche oder gut bürgerlich
Fabelhaft und bekommen, sagenumworben

Das Programm an Kunst und Kultur, es wird geboten für
Jung und Alt zu jeder Zeit
Ich liebe diese Lebendigkeit
Marburgs schöne Seiten, diese Vielfältigkeit

Farbenfroh und offen für alle Welt
Wo ich lebe und es mir gefällt
Darum schreibe ich diese Worte, halte fest die Zeilen
Um zu erinnern, an Marburg heute und für alle Zeiten

Kultur- Und Freizeitzentrum (Bühnenbeginn 2015)

Das KFZ Marburg, ist eine mir, sehr schöne Station
Mein Weg zur Bühne, mehrere Jahre bin ich nun – ein Teil
vom Ganzen schon
Ich dichte und ich schreibe, aus Liebe zur Kunst, für die
Kultur, Zeilen die von Marburg in die Welt hinausgehen,
wie danke ich dir nur?

Zum Anlass meiner Kunst, nutze ich hier die Gunst
Diese Strophen widme ich nun dir, ein Zeichen von mir –
Für uns zur Anerkennung und Wertschätzung, die du mir
gebracht hast entgegen, werde ich die Liebe und die
Leidenschaft, in Wort und Schrift zu dir pflegen

Mein Marburg, mein schönes Städtelein
Du warst die Stadt in der ich mich entfalten konnte, so
sollte es sein
Dieses Kundtun auf deiner Bühne, mir zu aller Ehr'
Marburg was du mir gegeben hast, vergesse ich dir
niemals mehr

Du schöne Stadt, du Quell meiner Ruhe, mein Herz verlor
ich an der Lahn, Marburg du wurdest Heimat, wie Eltern
die ihre Pflicht getan
Wohlgefühl und Herzenslust, Anerkennung fand ich bei
dir, Marburg dir verbunden fühle ich mich, ich bin so
gerne hier

Diesen Reim, diese Wacht
Für immer dir geschrieben, zur Andacht
Habe gesucht in mancher Stadt zum Bleiben wohl
vermag, heute bin ich zufrieden, fühle mich glücklich, seit
damals, seit ich dich kennenlernte, seit dem ersten Tag

Und heute jetzt und hier, schreibe ich über dich und von
dir, die Lyrik von Marburg, eine ganz besondere Note,
eine ganz besondere Zeit in die ich eintauch
Auf der Bühne, im KFZ zu präsentieren, so haben diese
Zeilen, ihren ganz besonderen Hauch

Friedrichsplatz

Marburg ist eine der schönsten Städte
Suchte mir zum Schreiben, die geilsten Plätze
Immer wenn es mir die Zeit erlaubt
Schaue ich hin und wieder auf die alten Zeilen drauf

Die Momente waren leb- und traumhaft schön
Ich wünschte diese Zeit, sie würde nie vergehen
Doch alles findet irgendwann einmal zum Ende
Doch diese Zeilen, schrieb ich durch meine Hände

Es war die Freizeit, zeitlos, ungebunden, sonnige
Momente, geile Stunden – die beste Zeit in meinem
Leben, es ist immer das Jetzt, warum ich das Schreiben
auch niemals beenden werde, wundervolles Leben

Sei offen für die Welt, lebe wie es dir gefällt
Liebe und beschütze das Gefühl, das dich am Leben hält
Schätze das Glück in deinem Leben
Was es bringt, wird es dir geben

Sei offenherzig, frei zu jeder Zeit
Öffne deine Grenzen, ich weiß du bist dafür bereit
So machte ich mich auf, mit einem neuen Empfinden
Ich gebe die Suche nie auf, um mein Glück hier zu finden

Die Busfahrt – Stadtbus

Die letzte Busfahrt, sie liegt Jahre zurück
Mal wieder eingestiegen und ich liege im Sitz
Der Motor startet und er ruckelt voran
Es rattert, es knarrt, die Sonne scheint, ich schwitz

Von Haltestelle zu Haltestelle
Straße an Straße und immer geradeaus
Es ruckelt, gefühltes Schleudertrauma
Wo ist meine Station, ich muss hier raus

So herrlich ungewohnt, doch irgendwie schön
Während der Busfahrt, kann ich durch die Gegend sehen
Das Rattern, das Ruckeln, wird gewohnt und normal
Der Ausblick, Gedanken schweifen, ich fahre nochmal

Alles Gewohnheit, man gewöhnt sich an alles
Stück für Stück, die letzte Busfahrt, sie liegt Jahre zurück
Mal wieder eingestiegen und ich liege im Sitz
Die Tour ist gestartet, Sommer, Sonne – durchgeschwitzt

Am Zielpunkt dann angekommen
Der früheren Zeit so verträumt
15 Jahre ist es her, ja echt schon so lang'
Doch lustig war die Fahrt, auf jeden Fall heut

Die Oberstadt

In der Oberstadt am Rathausplatz, wo der Hahn kräht zu jeder Stunde, dort ist auch der Wochenmarkt, Menschen die dort kommen, von nah und fern, finden diesen Platz echt schön, er ist in aller Munde

Die Cafès, die Bars und Restaurants, alles hat die besondere Art und Weise, ganz den eigenen Stil Altstadt-Idylle und doch sehr belebt, wo nimmt man sich schon einmal die Zeit für sich, wenn nicht hier?

Wenn die Eltern mit den Kindern durch die kleinen Gässchen schlendern und die Zeit der Familie schätzen und genießen, so kann man das Leben Marburgs auf sich wirken lassen, und im Tagverlauf durch die Läden fließen

Der Blick aufs Schloss und ins Zentrum sind auch gegeben, in diesem Bild, das schöne Marburg festzuhalten, welch schöne Erinnerung für Tourist und Gast, auf dessen Bild, Marburg mitgestalten

Auch abends wenn die Läden geschlossen haben und die Schaufenster im Glanz erstrahlen, so lohnt es sich doch und rührt es gar immer wieder, die Stadt Marburg einmal gesehen zu haben

Marburgs Szene

Marburgs Szene, wie ich sie sehr gern benenne, dort
lernt man Menschen immer wieder aufs Neue kennen
Kleinkünstler, Straßenmusiker, kreative Lebensgestalter
Man fühlt sich willkommen, gut aufgehoben, ey yo man
Alter!

Ob sprachlich hochgebildet, oder die Sprache auch vom
Dorf, Toleranz und Akzeptanz, die wird geschrieben und
zwar groß
Yo man yolo, was gehd'n ab Digger, alles ist korrekt,
literarisch, poetisch, lyrisch, freestyle, Grenzen der
Grammatik werden fein verdeckt

Poetry-Slammer, Straßenkünstler, Songwriter, immer
wieder trifft man sich, Entwicklung und Persönlichkeit
man wächst an ihr stetig weiter – Die Szene sie ist offen,
bunt und einzigartig, so nehme ich sie wahr, so soll und
darf sie gerne bleiben

Vielschichtig, facettenreich, Marburg du bist für meinen
Werdegang nicht zu ersetzen und mit nichts Schönerem
zu vergleichen – So trifft man sich zu Veranstaltungen
und Bühnenprogrammen, redet, lacht, singt und springt,
alles gemeinsam, ja zusammen

So sende ich einen Gruß aus dieser Szene, integriert und
akzeptiert, Freiheit und Frieden ist das Größte, was der
Mensch fühlen kann, schafft und zelebriert

Northampton Park

Der Northampton Park im Stadtteil Weidenhausen
Lädt zu mancher schönen Stunde ein
Draußen an der Natur, an den Lahnterrassen, wo die
Kinder am Spielplatz toben, was kann schöner sein

Der Weg für den Spaziergang, Richtung Innenstadt
Oder zur Minigolfanlage und zum Aquamar
Der herrliche Ausblick auf das Schloss, oben am Berg
So auch, auf die schöne Lahn

Welch eine schöne Idylle, es an den Lahnterrassen, es
dort wahrhaft ist, wie das „klein Venedig", was ich immer
denke, wenn man genauer hinsieht und sich verzaubern
lässt

Weidenhausen, ein schöner Stadtteil Marburgs, das ist er
Für Touristen zu empfehlen und zwar sehr
Marburg an der Lahn, du mein Städtchen
Dich verlasse ich nimmer mehr

Dieser Platz um die Seele baumeln zu lassen
Das „Grüner Wehr"
Wer einmal hier in Marburg war
Kommt immer wieder gerne her

Das Landgrafenschloss

Für die Bewohner Marburgs und die Touristen, sind die
alten Gemäuer ein Platz von Überschaubarkeit
Sie sind ein Teil Marburger Geschichte
Sie sind Erinnerungen an eine alte Zeit

Zeiten der Renaissance, der Landgrafschaft in Hessen
Hoch oben am Schlossberg
Der schöne Ausblick auf die Stadt, das Schloss ein
Wahrzeichen, neben der Elisabethkirche, geschaffen von
Menschenhand, ein wahres Meisterwerk

Der schöne Schlosspark bietet einen unbeschwerten,
herrlichen Gang unter freiem Himmel in der Natur
Schöne Sommernächte, auch winterlich verzaubert
Ich kann es empfehlen jedem nur

Vom Blick des Schlosses, dem Schlossberg oben in der
Stadt, sieht geordnet aus, das Leben
Dieser Anblick, dieses Schloss wurde einst erbaut von
Menschenhand und Gottes Segen

Damals bis heute hat sich viel verändert, weil die
Geschichte geschrieben wurde und sie stetig weitergeht
Könnten die Gemäuer, diese Steine erzählen
Was haben sie einst gesehen und erlebt

Kinder- Und Jugendförderung

Marburgs Schulen, Kindergärten und Tagesstätten
Alle haben Kinderprogramme anzubieten, ob klein, ob
groß, ob Sommer oder Winter, herrlich ist die Freude und
das Leben, zu sehen nochmal durch die Augen aller
Kinder

Emil-Von-Behring, Bettina von Arnim, Sophie von Brabant
Die Schulen-Namen schmücken das schöne Marburger
Land, Adolf-Reichwein, Brüder Grimm, Erich Kästner,
Geschwister Scholl, die Kinder die dort lernen, haben
Schulen ja sehr toll

Jugendhaus Compass, Haus der Jugend
Sogar ein Kinder-Jugend-Parlament – zur Integration
Bildung und Entwicklung der eigenen Persönlichkeit
Im Fachkreis man es so nennt

Spielen, flitzen, flippen, rennen, laufen
Am schönsten so widerspricht bestimmt kein Kind, das
sind die Pausen
Fußball, Basketball, Tischtennis und frei im Hof
Schön ist die Schulzeit, zu schätzen, wenn man ist
erwachsen und groß

Die Straßen Wehrdas

Ernst-Lemmer-Straße, Sachsenring oben am Berg
Da entsteht die Lyrik von Marburg
Neubeginn – Mach mein Ding!
Mein vielleicht bislang bestes und größtes Werk

Siegesrausch, Blut geleckt, Werdegang bis heute, vom
Anfang an, bis auf die Bühne vor tausenden von Leuten
Hessisch tief im Kern, Marburg an der Lahn
Du schöne Stadt, dich habe ich so gern

Von den Straßen Wehrdas, sieht die Elisabethkirche aus,
wie der Kölner Dom und die Straße beim Ahrens, hat
etwas von Frankfurt, schön dass ich dich, mein Marburg
bewohn

Das Landgrafenschloss – Wahrzeichen, in wahrer Pracht
Schönheit und vollem Glanz, Marburg wer dich besucht
und bewohnt, der bleibt bei dir voll oder geht ganz
Aber niemals nur auf halbe Distanz

Die Lahn sie quellt in dir so ruhig und schön, auch wenn
ich nicht jeden Tag bei dir sein kann, so hole ich mir die
Zeit zurück, fühle mich wohl, schreibe Texte dann und
wann
Ich widme dir diese Zeilen, solange ich bei dir bin und ich
es kann

Marburger Tage

Die Enten schwimmen im Teich, bin glücklich und im
Herzen reich, ich bin so gern in dieser Stadt, Marburg an
der Lahn, der Ort an dem ich mein Herz verloren hab'
Ich gehe so gern spazieren, an den Wiesen, an der Lahn
Vom Affenfelsen bis zum Bahnhof, vom Holzwurm bis
zum Spiegelslustturm

Durch das Zentrum von Marburg, durch die Gässchen
dieser Stadt, durch die Uni-Straße, vom Wilhelmsplatz,
über den Hanno-Drechsler- zum Rudolphsplatz, bei
schönem Sonnenschein, verziert das Schloss den
Horizont, Tretbootfahren auf der Lahn, auf der Wiese
liegen und sich sonn'n

Marburg für jeden etwas
Touristen, Studenten, für die Einwohner der Stadt
Wer einmal hier im schönen Hessen ist
Bin mir sicher, Marburg – in sein Herz geschlossen hat

Erlenring und Lahnpassage
Welch wundervolle Marburger Tage

Spiegelslust

Deine Wege an der schönen Lahn
Die Wege in der Stadt und am Waldesrand
Allem fühle ich mich verbunden und vertraut
Als nehmest du mich an die Hand

Die Sonne scheint bis ins Tal
Von den Lahnbergen der schöne Sonnenblick
Marburg du bist so herrlich
Ich gehe so gerne, jeden Schrittes Stück

Bis hinauf zum Turm
Spiegelslust
Deine Aussicht von hier oben
Die man doch bewundern muss

Übers ganze Tal
Fällt des Betrachters Augenschein
Für viele wirst du, Marburg
Das schönste Städtchen sein

Kaiser-Wilhelm-Turm
In der Geschichte so verankert
Wusste auch er um des Schatzes Erbe
Welchen er vermacht hat

Jugendhaus Compass (Widmung Open Stage)

Fühlst du dich zwischen Kindheit und jugendlich sein
Dann bist du hier richtig, sei willkommen, trete ein
Hier ist dein Platz, wo du zur Begrüßung angekommen
bist, hier ist der Ort, wo der Glaube und die Hoffnung, wo
Gott mit dir ist

Im Jugendhaus Compass, da geht es hoch her
Alle sind willkommen, bringe deine Freunde mit, hier sind
noch mehr, hier bist du nicht allein, das Jugendhaus
Compass lädt ein, Kinder- und Jugendprogramm, Open
Stage, Tischfußball, Cafè – für alle Groß und Klein

Hier kommt man gern vorbei, hier schaut man gerne rein
Im Compass, im Compass, wo die Nadel Richtung Glaube
und Hoffnung schlägt
Hier kommt man gern vorbei, hier schaut man gerne rein
Im Compass, im Compass, wo die Freude und
Freundlichkeit dich durchs Leben trägt

Folge immer deinem Herzen und der Nadel
Richtung Glaube und Hoffnung
Gott ist mit auf deinen Wegen, er lässt dich nicht zurück
Er ist da – in jedem Moment, auch in der Erinnerung

Marburg Und Gießen

Das schöne Marburg und das etwas unschönere Gießen
Die Beiden sind fast wie Geschwister, eben nur fast – weil
immer wieder Dornen sprießen

In fachlicher Literatur, wahrhaft schön ist Marburg nur
Doch Gießen du willst etwas zeigen, nur zu – dann aber
musst du dich erst vor Marburg einmal verneigen

In Sprache der Kunst-Kultur ergeben, neben Marburg
kann es nichts Schöneres geben, ja Gießen ist nicht weit
vom Stamm, doch eben nicht Marburg, also halte dort
nicht an

In der „Szene" ist man am Munkeln, Marburg ist die
bessere Schwester von Gießen, doch auch in Gießen ist es
schön, so ganz im Dunkeln

Doch was soll der Slapstick und der Spaß, von Marburg
nach Gießen, bist du in Gießen, willst du nach Marburg,
denke nicht lange nach und gib Gas

Zu allerletzter Zeile, da will ich mal nicht so sein
Die Lyrik von Marburg, lädt sogar Gießen hiermit ein
Zwar ist Gießen nicht so schön, wie Marburg einst
geworden ist, doch zum Erhalt der Lyrik und dem
Sachverhalt, Gießens Bezug zu Marburg, hier
beschrieben ist

Die Lyrik Von Marburg

Marburg, Marburg, ich widme dir diese Texte
Persönliche Zeilen gerichtet nur an dich, du Stadt in der
ich mich wohlfühle, wo ich gern bin, viel habe ich gelernt
durch dich, dafür bedanke ich mich

Warum ich so oft zu dir kam, kann dir viele Gründe
nennen, all die Jahre über habe ich mich hingezogen dir
gefühlt, war es vielleicht meine Bestimmung, das Texte
schreiben an deinen schönsten Plätzen, darin habe ich
mich verliebt

Dies sind meine Werte, festgehalten in Wort und Schrift
Das Schätzen dieser Stadt – die es mir so sehr angetan
hat, die Lyrik von Marburg, bleibt bestehen für alle Zeit,
meine Gefühle, meine Liebe, mein ganzes Geleit

Marburg an der Lahn, ich würde so gerne ewig bleiben
Doch wir Menschen sind hier auf Erden nur für gewisse
Zeiten, möge was nach mir kommt dich auch so ehren
und dies in die Welt verkünden, zu anderer Städte bis
über die Meere

Deinen Erbauern, widme ich meinen ganzen Dank
Ihre Hände Arbeit, haben geschaffen dieses Werk
Ich weiß dich so sehr zu schätzen
Du bist mir von ganz besonderem Wert

2. Kapitel – Leiharbeit/Personaldienstleistungen

Zer0 – Der Ursprung
Maßnahme X
Zeitarbeit

Sonderfahrt
Arbeitsvertrag
Arbeitskleidung

Statistik Und Quoten
Dichtkunst Der Zeitarbeit
Statistikfusch

ZerO – Der Ursprung

Hinter den Kulissen der Zeitarbeit
Da ist Machtkampf und Neid Gang und Gebe
Leiter des Ortes oder des Gebietes
Jeder will die fette Knete

Kundenunternehmen
Bildungszentren
Schön klingen diese Partner
Füttert die Enten!

Ein Bündel Scheine zu erhaschen
Der Geier oben gierig kreist
Alle mit von der Partie, nur der Leiharbeiter
Dem man auf den Schädel scheißt

Ein großer Machtkampf nur des Geldes wohl
Moral und Ethik, diese Werte sind längst hohl
Anstand und Vernunft, sozialer Umgang
Längst am Ende, ohne einen Anfang

Händeschütteln dies ist nur
Pseudomoralische Ehrlichkeit
Der Leiharbeiter schon halb verheizt
Darum man sich freundlich zeigt

Die Machenschaften sind so banal
Wissen wir doch eigentlich allesamt
Die Arbeit hält sich lediglich fern –
Des Staates fleißiges Arbeitsamt

Maßnahme X

Meine Tätigkeit beim Bildungsträger
Bei sozialer Einrichtung wollte ich tätig sein
Doch leider stellte ich fest
Wird alles andere als sozial hier sein

Formulare und Anträge stellen
Vorgaben von Ämtern und Instanzen
Paragraphen und Verordnungen
Die um Arbeitssuchende herumtanzen

Menschen mit Burnout, Depression
Schicksalsschlag auf Schicksalsschlag
Sollte ich gefügig machen
Sonst Geldkürzung derer, Tag für Tag!

Mein Job der da doch eigentlich hieß
Hilfe + Unterstützung den Menschen geben
Davon war es dann doch weit entfernt
Sollte melden die, die verstoßen gegen Regeln

Ich sollte sie fügen und geschmeidig machen
Dass sie sich auf die Wege zu den –
Personalverheizern machen!

Zeitarbeit eingesetzt, kaputt gemacht
Und dann endverbraucht
Geschädigt und benutzt werden sie in,
regelmäßigen Abständen wieder bei mir
eingetauscht!

Menschen mit Tragödien und Leid
Für Wunden heilen, dafür ist keine Zeit!
Sie sind gefrustet, verärgert, enttäuscht
Sind des Sklavenhandels Werkzeug

Zeitarbeit

In der Personaldienstleistung am Schreibtisch
Da werden krumme Geschäfte gemacht
Sklaven die malocht haben, kostengünstig
abservieren
Dafür wurde sich etwas ausgedacht!

Leiharbeiter, das Nutzvieh verbrauchen
Ausgedient, dann rasch umtauschen
Arbeitsverhältnisse befristet –
Mit Aufhebungsvertrag noch überlistet

Arbeitsstunden am Konto angesammelt
Der Sklave hat Überstunden geleistet
Wird ihm bei AU entzogen, widerrechtlich
So der Personaler es an sich reißet

Unwissenheit ausgenutzt mit Überzeugungskunst
Lügen als Wahrheit dem Sklaven verkauft, die List
Der Leiharbeiter am Monatsende dann der –
Betrogene Arbeiter doch ist!

Arbeitsvertrag, Branchentarifzuschlag
Tarifverträge hin oder her
Wo kein Kläger, da kein Richter
Kontrollieren wird es niemand mehr!

Ausgenutzt und verheizt
In der Branche wird alles ausgereizt
Werben mit tollem Fahrdienst-System
Die Infos sind im nächsten Text zu sehen...

Sonderfahrt

Zuständigkeit, der allgemeine Taxisammelbetrieb
Fahrdienst, warum wurde er wohl eingeführt!?
Den Schein gewahrt, wir fahren unsere Mitarbeiter
Wahrer Grund, echter Geldeintreiber

Die Sklaven müssen zum Dienst
Denn sonst erzielen sie keinen Gewinn
Wer nicht laufen kann den Weg so weit
Dem schicken wir einen Fahrdienst hin

Der Fahrservice wird dem Leiharbeiter
Von seinem geringen Lohn noch abgezogen
Des Sklavenhändlers Kasse darf nicht mindern
Umsonst wäre ja wohl echt auch abgehoben!

Fahrdienstleute sucht man über 450.-€ Basis
Aber die Fahrer, fahren weitaus mehr
Abgerechnet schwarz unter dem Tisch
So geht die Kohle hin und her!

Der Fahrer des Dienstes wird geschickt
Über Straßen und durch Felder
Jeder Cent gegeizt, sind es des
Personaldienstverheizers Gelder

KM geschruppt, Fahrt für Fahrt bei Tag und
Nacht, am KM-Stand wurde auch geschummelt, an
alles wurde echt gedacht!

Arbeitsvertrag

Vor jedem Einsatz eines Sklaven
Musst du Regelungen vereinbaren
Es klemmt an Mann und Maschine
Schnell ein Leiharbeiter, scheiß auf Papiere!

So wird man hingeschickt
In die Industrie-Massenproduktion
Ohne gültigen Arbeitsvertrag
Geht das denn schon!?

Ohne Versicherung
Ohne Vertrag
Bist du dann nicht zu gebrauchen
Dann war es mal eben ein Probetag

Keine Rechte
Zumindest nichtwissentlich für Zeitarbeiter
Freut sich wieder einmal
Der schlaue Personaldienstleister

Arbeitskleidung

Manche Leiharbeiter
Stellte man sofort an Ort und Stelle ein
Direkt in die Produktion
Arbeitskleidung muss nicht vorhanden sein!

Produktionshelfer allerlei
Metall, Elektro, Kunststoff oder Papier
UVV und Arbeitssicherheit
Das interessiert keinen hier!

Am Hochofen falsche Arbeitskleidung
Gar ohne besser noch
Ihr glaubt das gibt es nicht, in der Zeitarbeit –
Ja, leider gibt es das doch

Helfer für 9,- € die Stunde
Arbeitsunfall, Narben und Wunde
Die Seele des Menschen mehr als angekratzt
Zeitarbeit, dein neuer geiler Arbeitsplatz!

Personalkosten bis – unter die Decke
Also muss man sparen, wohl wahr
Woran am besten und möglichst viel?
Na am Leiharbeiter, das ist doch klar!

Statistik Und Quoten

Leiharbeiter werden eingestellt
Mit Auflagen vom Amt und ohne Geld
Schicksale und Erlebnisse sind egal
Soll funktionieren, er ist nur eine Zahl!

Diese Personalstatistik und die Quoten
Am Werk sind da wohl echte Idioten
Aus der Arbeitslosenstatistik raus
Doch Job beendet, stehen sie wieder drauf!

Das ist ein System
Das kann eben nicht jeder verstehen
Hochstudierte, hochgebildete Leute
Die wollen bloß verarschen, aber wen!?

Arbeitslos, Langzeitarbeitslos
Gemeldet bei Amt und Ämtern
Hartz Vier, KJC, AA
Ihr macht das schon, soviel ist klar!

Verbot, Verstoß, Auflage, Mahnung
Im Kürzen permanent und rigoros
So werden sie behandelt und abgefertigt
Nur an die Glocke, hängt man dies nicht groß

Habe die Schreiben gesehen, von so vielen
Es ist ein krankes System
Ewig halten, kann dies doch nicht
Hauptsache verwalten, ist das, was wichtig ist!

Dichtkunst Der Zeitarbeit

Die Zeitarbeit im Dreckes Glanz
Verarscht und verheizt Sklaven voll und ganz
Hinterlistig, miese Spielchen, freundlich-falsch
Bei jedem Euro sich die Zunge schnalzt

Kommt herein, kommt herein
Hier werdet ihr verbrauchet und versklavet sein
Vaterstaat lässt uns gewähren
Unsere Taschen füllen, da wir eure leeren

Das Bundesamt und die Regierung
Bekommen auch was ab, bei dieser Schmierung
Für euch Leiharbeiter bleibt nichts vom Erhalt
Denn wir kassieren ein, euer Gehalt

Produktionshelfer doch ihr nur seid
Genug von euch, zu jeder Jahreszeit
Euch hört man nicht zu, was ein Pech
Selbst wenn ihr die Wahrheit sprecht

Wir sind die Personalverheizer
Umworben, überall wo es etwas Bares gibt
Uns ist herzlich scheißegal –
Euer Leid und man uns hier liebt

Wir wollen doch nur
Immer das Beste für dich
Nehmen dir auch das,
was noch übrig ist

Geldanlagen und Reichtum
Den müssen wir schüren
Es geht dank euch sehr gut
Der Staat öffnet uns die Türen!

Statistikfusch

Arbeitsamt, Zeitarbeit
Alle Fakten auf den Tisch gelegt
Berichterstattung von mir
Ich war dabei – ich habe es erlebt

Statistikfusch, Zahlenkorrektur
Bilanzen beschönigt – BWL
Kostenumverteilung
Gewinnerbring schneller als schnell

Paragraphen und AGB
Ausgehebelt ganz geschickt
Jeder trickst mit jedem
Wie ein wildes Fremdgefick!

Der Leiharbeiter hat nix zu melden
Personaldienstleister sie entgelten
Lohnauszahlung – Schummelei
Betrug! Betrug! Die Prüfungsstelle hat frei

Arbeitnehmerüberlassungsgesetz
Schutz der Leiharbeiter, was ein Scherz!
Wird geschummelt, belogen und betrogen
Alles erlebt, leider ab nie ist es aufgeflogen

3. Kapitel –
Texte aus dem Leben

Mission Gestartet
Auf Eigene Gefahr
Geisterstille

Drehkreis Und Wendepunkt
Noch Habe Ich Bock
In Einem Traum

Die Sprache Und Die Bildung
Den Höchsten Berg Erklommen
Schönes Leben

Start Up, Vollgas, Leben
Ein Neuer Morgen
Mein Erwachen

Verlauf Der Menschheit
XXX – 3 Kreuzchen
Mal Wieder So Einen Tag

Mission Gestartet

Ich erinnere mich noch gern an die Kinderzeit
War sie auch nicht immer leicht
Doch Werte waren noch da, sie waren wahr
Heute ist von all dem, leider kaum noch etwas da!

Aus der Schule raus, Hausaufgaben gemacht
Dann ging es raus zum Bolzplatz!
Fußballplätze bespielt, kein feiger Hund –
Der einen anschwärzte oder verriet

Da war noch der Zusammenhalt
Gegner waren wir nur auf dem Feld
Trotzdem war alles noch im Gleichgewicht
Die Freundschaft, auch der ganze Rest der Welt

Teenagerzeit, hart wurde das Brot der Schule
Doch ging es Nachhause, Playsi an –
Sorgen und Gedanken aus
Für den Rest des Tages dann!

Mission gestartet mit Chris Redfield
Auf nach Raccoon City
Mit den S.T.A.R.S. zum Ziel
Dann kam noch Leon S. Kennedy

Hinzu Jill Valentine, Claire Redfield
Sis von Chris – auch dabei
Barry Burton and behind the curton
G-Virus William Birkin

Tyranten und Hunter
NEMESIS T-Virus
Albert Wesker, Ada Wong
Umbrella's Zombiezirkus

Ja sie war hammerfies
Die Umbrella Corporation
Man war das eine geile Zeit
Mit Sony's Play Station

Dann kam die Mittlere Reife
Mit ihr der Beginn einer neuen Phase
Praktika, Jobsuche, Ausbildung
Weit entfernt der Kinderspiel-Oase

Schnell wurde klar
Aus all der Kindlichkeit, nun bitterer Ernst
Moral und Pauken gepredigt
Das Kind begraben, aus und erledigt

Stahlindustrie, Modell- und Formenbau
Leben eingeteilt in Schichten
Mein Lebenslauf, nun verfasst
In Reimen und Gedichten

Freunde, Begleiter und Weggefährte
All diese fand ich auf meinem Wege
Wahre Freunde sie sind selten
Darum schätze sie, die es wirklich wert sind

Wir werden getragen
Auf unsichtbaren Tragen durch alle Lebenslagen
Vom Wind verweht, manchen Weg zurückgelegt
Während wir gehen, ist es auch die Zeit –
Die mit uns geht, die sich stetig fortbewegt

Auf Eigene Gefahr

Auf meinen Schultern liegt längst und breit
Last und Bürde
Geschwommen durch ein Flammenmeer
Nur eine vieler Hürden

Knochen gebrochen, Flügel verbrannt
Leb' auf eigene Gefahr
Ich muss hier weg, ich muss hier raus
Die Flucht nach vorn ist mir gewahr

Ich suche nach dem Weg
Den Durchgang im ganzen Labyrinth
Ich gebe hier nicht auf
Auch wenn die Hoffnungen zerstreut sind

Auf jeden Fall, folgt ein Neuanfang
Dies ist der Bestand
Halte fest an Disziplin und vertraue dir
Es liegt in deiner Hand

Und da wo niemand an dich glaubt
Wo du alleine bist
Bist du der Fels in der Brandung
Egal wie stark die Flut auch ist

Nur wer den Blick nach oben gerichtet wahrt
Der kann seine Richtung sehen
Mit dem Blick auf den Boden, wird er keine –
eigenen Wege gehen

Aus den Klauen, aus dem Sumpf
Da kommt man nur schwierig raus
Keiner sagt, das sei eine leichte Kunst
Darum glaube an dich und halte aus!

Geisterstille

Raum und Flure so verlassen
Eine Ruhe sie gleicht Geisterstille
Unbewohnt, seelenlos
Ohne Ton und keine Stimme

Betrete nach und nach
Behutsam und bedacht, die Eingangshalle
Ein riesiger Saal
Keine Geräusche, nur meine Schritte hallen

Alt und morsch
Ist Grund und Boden
Verlassen leer dieses Haus
Diese Stille wie bei den Toten

Erinnerungen kommen zurück
Bild für Bild, im Holzrahmen-Stück
Momente jener Zeit
Schließe die Augen, bin wieder vereint

Alles so alt und doch frisch bebaut
Wie nie weggewesen, fremd und doch vertraut
Im Garten ist es friedlich fein
Muss doch hier wahrhaft Eden sein!?

Ich bin gegangen, doch gesandt Nachhaus'
Heimgefunden, so hell obwohl die Lichter aus
Alles so warm und im Glanzes Schein
Ich bin in meinem Zuhause, ja hier muss es sein

Melodien die mir im Ohr erklingen
Lieder die von Liebe und Heimat singen
Seltsam fremd doch vertraut dieser Ort
Die Reise hierher, doch gehe ich nicht mehr fort

Die Sonne trägt ihr schönstes Kleid
Der Herbst macht auch hier bunt, seine Zeit
Auch der Winter, sogar zauberhaft schön
So viel Schönes habe ich noch nie blühen sehen

Drehkreis Und Wendepunkt

Manches Mal im Leben
Da triffst du rein und manchmal daneben
Deine Welt in schwarz und weiß
Der Drehkreis und der Wendepunkt

Ist alles nur ein Negativbild
Umrisse und Schatten
Drehe den Kreis zum Wendepunkt
Male alles aus, male es bunt

Der Drehkreis, ein Wendepunkt
Alles was dir nicht gefällt
Decke es ab und drehe es um, alles ist zu ändern,
am Drehkreis mache ihn zum Wendepunkt

Manche Dinge laufen riesig
Andere dagegen echt mies
Lösche das Licht und entfache das Feuer neu
Hole Kerzen und Benzin

Alles ist zu ändern
Am Dreh- und Wendepunkt
Einmal mehr im Kreis gedreht
Das ist das Ende und Punkt

Noch Habe Ich Bock

Ich kann nicht aufhören zu schreiben
Weil es mein ganzes Leben ist
Doch ich bringe nix mehr unter die Leute
Wenn ich merke, dass es abgeranzt ist

Doch noch habe ich Bock
Ideen sind vorhanden
Noch immer nach so vielen Jahren
Gesprächsstoff, fast wie bei Klatschtanten!

Jetzt kommt ein neuer Abschnitt
Kindertexte schreibe ich bald auch
Für meine Kleine, meine Liebe
Lebe mein Kind selbst noch einmal aus

Durch die Lüfte springen
Frei heraus wie ein Kind was nichts denkt
Und mir ist echt auch total egal
Was der Rest der Welt von mir hält

Ich werde selbst noch einmal das Kind
Ich will Freude, auch wenn ihr denkt, er spinnt
Das Kind in mir ging nie verloren, es ist noch da
Bald nicht mehr alleine, denn dann ist der
Sonnenschein schon da

In Einem Traum

Ich lebe und stehe
Voll und ganz zu mir
Mit allen Konsequenzen
Die mir Auftrieb geben und mich bremsen

Lebe ich in einem Traum, ist es real?
Ich glaube es kaum, die Sonne scheint
Doch die Freude hinter Gedanken-Gitter
Ich breche aus, welch herrliches Sommergewitter

Es regnet Tränen, seelenvoll
Doch auch voller Traurigkeit
Ich bin da wo ich bin
Selbst habe ich mich befreit

Bewege mich so frei
An dem Mutternatur-Duft
Jede Zeile, jedes Wort
Ist meines Lebens Luft

Im Freien, unter dem Sonnenhimmel
Da kann ich die schönsten Dinge schreiben
Hier geht's mir gut, hier kann ich sein
Hier blühe ich auf, hier will ich sein

Die Sprache Und Die Bildung

Die Sprache ist das Mittel, welches unsere
Gedanken vereinen kann
Die Sprache ist mächtig, weil durch jedes Wort
Etwas Großes entstehen kann

Die Bildung ist ein hohes Gut, was jeder von uns –
Schätzen und pflegen sollte
Einsetzen für gute Taten, nicht zum Missbrauch
Denn viele verloren viel – weil sie mehr als nur
genug haben wollten!

Sprache und Bildung ist groß, durch sie können
wir vieles erreichen, Grenzen überschreiten
Hindernisse beseitigen, neue Zeichen gemeinsam
setzen, wir zusammen stellen die Weichen

Sprache, Wort und Schrift, unsere Gedanken wir
bringen sie zu Papier, mit Tintenfass und Feder
So entsteht Lebendigkeit in jeder Zeile
Ganz allein von dir

Bildung, Wissen, Weisheit, trage sie in dir –
Durch deine ganze Lebenszeit
Pflege sie jederzeit zu schätzen, denke nach, sei ein
Freigeist, sei Vorbild und nicht Gesetz

Den Höchsten Berg Erklommen

An manchen Tagen
Bin ich am Morgen schon so müde
Dabei habe ich doch –
Die ganze Nacht geschlafen

So viele Gedanken die ich habe
Die mich in den Schlaf begleiten
Fühle mich manchmal so klein
In diesem großen und ganzen Universum

Manchmal träume ich am Tag
Und in der Nacht ist es leer und kalt in mir
Sternenlos und so eingeengt
Das fühle ich in mir

Mein Kopf ist so voll
So voller Ideen
Abschalten ist schwer möglich
Denn da gibt's so viel zu sehen

Warum fühle ich mich so –
Kraftlos, müde und träge
So viele neue Chancen, doch mir scheints –
Als finde ich keine Wege

Dabei sind Träume und Ziele
Sie sind doch Lebensgefühle
Höre ihnen zu, nimm sie an
Sie tragen dich durch dein Leben dann

Vergeude sie nicht
Lass sie nicht verstummen
Durch den eigenen Willen
Wurde schon der höchste Berg erklommen

Träume sprechen
In ganz verschiedenen Sprachen
Wenn sie in dir schlummern
Lasse sie zu, lass sie erwachen

Alles kann
Wenn auch manchmal bedingt
Bleibe dran
Sieh zu, wie es dir gelingt

Schönes Leben

Ist es nicht ein schönes Leben
Viel zu schön die Träume, um sie aufzugeben
Wer etwas will, der muss viel Scheiße fressen
Wer nix will, kann mit der Masse essen

Träume, Ziele und Ideen
Legt man Steine in den Weg
Denn manche wollen alles
Das ist worum die Welt sich dreht

Doch ich halte meine Träume
Allesamt fest in dem was ich schreibe
Das alles ist mein Leben
Auch wenn ich mir ins Fleisch schneide

Wo kommt der Wille her?
Woher der Tatgendrang?
Wie weit ist meine Reise?
Kommt mir vor, als drehe ich im Kreise

Doch ist es nicht schön
Unser ganzes Leben
Viel zu schön
Um jemals aufzugeben

Start Up, Vollgas, Leben

Das Leben wieder mal bei vollem Karacho
Der Zeiger bis Anschlag
Der Tag rauscht wieder einmal vorbei
Zum Luft holen bleibt kaum Zeit

Probleme und Sorgen, so wie an jedem –
neuerwachten Morgen, ich habe die Schnauze voll
Jeden Tag das Gleiche, frage mich selbst schon –
was das alles denn soll!?

Das Leben rast wie ein D-Zug
Start up, Vollgas, Leben
Alle versorgt, nur für mich selbst,
bleibt mir nicht genug

Zeit, sie ist Mangelware
So bleiben Träume auf ewig Lebensträume
Sonnenlicht kommt von der Decke runter
Eingecremt für falsche Bräune

Steuerzahlen darf ich fleißig
Malochen noch lange genug, bin erst Mitte 30
Die Zeit sie rast, zieht an mir vorbei
Kaum ein Traum im Kopf, dafür ist keine Zeit

Ein Neuer Morgen

Ein neuer Morgen
Aus dem Tiefschlaf erwacht
Augen auf, Gedanken an – als hätte der Kopf,
die ganze Nacht nachgedacht

Ich bin da wo Gedanken sich kreuzen
Bin gefangen in meinem Kopf
Ich will schon so lange einmal hier raus
Habe schon mehrmals an die Stirn geklopft

Keiner sieht die Welt in mir
Niemand fühlt wie ich fühle
Ich befinde mich im Rennen
Vorbei geschossen an sämtlichen Zielen

Keiner sieht die Welt in mir
Hart gekämpft mit allem und mit mir
Habe mich aufgeopfert
Doch was habe ich am Ende gewonnen!?

Ich verliere die Erinnerungen
Die schlechten und die guten Zeiten
Alles löst sich auf und schwindet
Alles was so vertraut war an meiner Seite

Gewitter
Donnerwetter, Achterbahn
Gefühle in mir
Die mit vollem Karacho rauf und runter fahren

Ich habe mich kaputt gemacht
Hart gekämpft vor allem mit mir
Habe mich aufgeopfert
Doch sag schon, man was brachte es mir?

Immer wurde zu meinen Träumen gesagt –
Kannst du nicht
Das schaffst du nicht
Du musst etwas tun, also träume nicht!

Du bist ein Mensch genau wie ich
Doch du hältst dich
Für den Gott der Weisheit
Doch der bist du nicht

Du bist ein Mensch genau wie ich
Doch du verhältst dich scheiße
Und genau das –
Unterscheidet mich und dich!

Mein Erwachen

Ich schreibe zu meiner Lebenszeit, wer weiß schon
was von den Wörtern übrig bleibt?
Jedenfalls spüre ich durch sie, dass ich lebe
Das Gefühl will ich tragen und weitergeben

Das Leben verfeinern
Mit Wort und Schrift
Es schreibt wie von selbst aus mir
Brauche nur Papier und Stift

Vom Lebenswunsch geträumt
Vom Ende des Lebens, dem Tod getrieben
Zeile für Zeile verfasst
Schon mehr als oft um mein Leben geschrieben

Dieses Jahr mach ich es wahr!
Mein Lebenstraum, so nah, glaube es kaum!
Meine Zeilen, die Texte, Herzenssache
Die Sprache, ich singe, ich werde es machen!

Die Zeit ist reif, sie ist gekommen
Ich war schon wieder lange begraben
Tief unter Dreck und Trümmern
Doch ich habe mich ausgegraben!

Das Drama es ist rum!
Meine Spielzeit beginnt
Der Abschnitt meines Lebens – bin nicht allein
Weil ich jede Menge mitbring'!

Liebe im Herzen
Stolz über der Wunde
Narben auf der Haut
Von jener Stunde

Ruhe und Kraft
Bin ganz bei mir selbst
Ich bin in meiner Mitte
Ich sehe, wenn du fällst!

Verlauf Der Menschheit

Der Verlauf der Menschheit
Eine vermeintliche Weisheit
Von damals bis heute nicht wirklich dazu gelernt
Vom Mensch sein und vom Tier weit entfernt

Aus Gladiatoren und Kolosseum
Wurde Drohneneinsatz und digitaler Krieg
Überwachung der Menschheit
Das Internet berichtet und führt Regie

Zu früherer Zeit Brot und Spiele
Heute Energy-Drinks und Videospiele
Fastfood-verseuchte Industriemassenzucht
Die Macher haben Ideen, so endlos viele!

König, Bettler,
Königreich und Schlossanwesen
Seuche, Pest und Krankheit –
So tun, als wäre es nie da gewesen

Völkermord, Unterdrückung,
Sklavenhaltung, war alles standardisiert
Heute die Personaldienstleistung –
Nur die Methode ist modernisiert!

XXX – 3 Kreuzchen

Du wachst auf
Der Tag er fängt beschissen an
Gedanken kreisen, Kopf ist voll
Nächster Urlaub, er steht weit hinten an!

Lebenssorgen halten die Treue
Jeden Tag, immer wieder aufs Neue!
Doch alles geht einmal vorbei – wunderbar!
XXX – 3 Kreuzchen im Kalender

Mühsam den Berg rauf
Nach unten im Steilgang
Hopp, hopp – mach schneller
Gib Drehzahl und mach Eilgang!

Termine-Urwald
Es stockt und staut
Lehn dich mal entspannt zurück
Heute schon einmal raus geschaut?

Hals lang machen, Kopf nach oben
Nimm die Pfeile und spanne den Bogen
Alles geht einmal vorbei – so viel ist klar!
XXX – 3 Kreuzchen im Kalender

XXX – ich mache 3 Kreuzchen im Kalender

Mal Wieder So Einen Tag

Ich freue mich mal wieder
Auf so einen Tag –
Wo mir keine Zeilen durch den Kopf gehn'
Wo ich mal wieder alles um mich herum warnehm'

Ein Tag wo das Fass –
Mal ohne Boden ist
So eins, in dem alles einfach mal durchfällt
Einfach alles, was man gar nicht bestellt

Mal wieder einen Ort aufsuchen
An dem der Frosch hüpft
Wo man die Natur genießen kann in aller Pracht
Wo man sieht, wie das Küken aus dem Ei schlüpft

Mal wieder so einen Tag –
An dem die Sinne nicht benebelt sind
Ein Tag an dem ich den Alltag einmal ausschalt'
Dass ich diese Sehnsucht wieder besser aushalt'

Will mal wie die Schnecke –
Gemütlich und langsam durch die Gegend ziehen
Ohne Stress getrieben, ohne Hektik
Ganz in Ruhe meine tollen, eigenen Kreise ziehen

BONUS-KAPITEL
LITERATURKLAMAUK IN MEINEM KOPF

Klamauk Mit Ernsthaftigkeit

Der Hahn Der Kräht

Gehoppelt Und Verdoppelt

Die Einöde

Erdbeeren Und Rhabarber

Gans

Klamauk Mit Ernsthaftigkeit

Man ich habe bestimmt schon Gold verdient
Doch schon okay, scheiß Gold will ich gar nicht
ham' – Ich will einfach nur mal wieder leben
Ohne den ganzen Lebenszwang

Scheiß auf Etikette, genauso wie auf Tabakersatz
Ich rauche E "h" keine Zigarette!
Saufe weder Wodka noch Spiritus
Sitze auch nicht verwahrlost in der Ecke
Jetzt geht's erst einmal abwärts, auf den unteren
Rang - Schwierig ist dieser Antritt, doch er muss
dieser Gang!

Das ist nicht meine Welt, doch es ist mein Leben
Das was mir gefällt, den Beitrag will ich abgeben
Affenhitze, Schweinekälte, der Drop ist gelutscht,
Eisberg der rutscht

Klimawandel wegen Prima-Handel, verkauft wird
alles, was nicht niet- und nagelfest ist, kein
Schwachsinn macht Sinn, drum gebe ich dem
Sinn, der ich bin!

Der Hahn Der Kräht

Die Frage die uns alle doch beschäftigt ist
Warum der Hahn in der Frühe am Krähen ist

Der Hahn der kräht
Immer in der Morgenstunde
Da es am Abend, ist zu spät
Denn dann ist er auf seiner Runde

Treibt sich durch den Hühnerstall
Und kriegt des Wirtes Reste
Dann erlebt er einen Riesenknall
Und die Hühner sind sein Feste

Angeheitert oder sturzbetrunken
Macht er sich auf Hühnerjagd
Der Hahn unter 25 Hühnern versucht,
was er nicht schafft, am ganzen Tag!

Immer in aller Frühe
In jeder Morgenstund'
Kräht der Hand zum Beginn –
Der nächsten Triebes-Rund

Gehoppelt Und Verdoppelt

Schwaches Nichtsein und starker Schein
Dunkel die Nacht und er nicht sehr helle
Probiert und inszeniert – ohne Erfolg
Losgerannt, doch tritt auf der Stelle

Cleverer Fuchs, sich selbst ausgespielt?
Immer gehoppelt und alles verdoppelt
Sich selbst am Ende doch gelinkt
Den Verstand sich selbst abgekoppelt

Listig und achtsam war er doch immer stets
Dieser Fuchs der dreiste Dieb
Nun er selbst bestohlen, er wusste nicht,
was ihm denn da geschieht

Was erwarten wir immer am Ende jener
Geschichte? Natürlich die Moral
Sei clever und stets immer auf der Hut
Verarsch dich nicht selbst, vor allem nicht
nochmal!

Hommage einer Person aus meinem Berufsleben!

Die Einöde

Auf der Einöde
Lebten einst zwei Blöde
Einer kam noch hinzu
Bei diesem Schritt, waren sie schon zu tritt

Aus drei wurden vier und fünf
Sechs, sieben und acht
Ein Dummheitsparadies
So schnell gewachsen in aller Pracht

Den braunen Sumpf am Rühren
Dummheit und Stumpfsinn am Werk
Was für Machenschaften entstehen dort
Nicht sichtbar hinter dem Berg?

Diese Idioten und kaputten Wesen
Ließ man rein, wie niemals weggewesen!
Nun auch noch in Gestalt einer Partei!
Die Politik läuft nicht schweinefrei!

Die Wutz bringt braune Scheiße mit
Tragt sie bitte doch mal raus, dass sie sich suhlen
kann, in ihrem eigenen Shit!

Erdbeeren Und Rhabarber

Erdbeeren und Rhabarber
Gerede und Palaver
Viele Worte, heißer Brei
Nichtsagende sagen es und bleiben dabei

Eintopf und Gestampftes
Man schluckt und man mampft es
Wenig Zutat, doch großes Tam-Tam
Nichts wirklich los, doch viel hängt dran!

Spekulieren und am Munkeln
Fische fängt man nur im Dunkeln
Bei Helligkeit sieht man zu viel
Schließ die Fenster, runter die Jalousie

Verträge schmiegen und Schein bewahren
So laufen Geschäfte schon seit Jahren
Profit und Gewinn, wollen alle haben
Menschlichkeit wird zu Grabe getragen

Spargel, Erbse, Bohnengewächs
Dein Leben zählt, sei dir bewusst und schätz es!

Gans

Der Metzgermeister in voller Tat
Weil zum Abendessen Frauchen kommen mag
Er geht in den Stall und will eine Gans
Sicher seiner Haltung, weil er weiß er kanns!

Die Zeit verschleudert und verplempert
Weil die Gans sich doch sehr zimpert
Des Metzgermeisters Gemüt frustriert
Weil die Gans sich stark brüskiert

Die Zeit vergessen im Geschehen
So tritt die Dame ein ins Haus
Niemand dort aufzufinden so denkt sich Fräulein
Ich gehe mal hinaus

Im Garten die Gans nun endlich erlegt
Außer sich vor Wut und ganz erregt
Fräulein hat ein Strahlen im Gesicht - Freudentanz
Der Metzger brüllt, *hab dich du dumme Gans!*

Fräulein sichtlich empört
Fragt sich selbst, *habe ich richtig gehört?*
Dem Metzger läuft der Schweiß von der Stirn
Ist erschrocken, fühlte sich doch ungestört

Fräulein packt die Sachen ein
Sagt *und tschüss, du mieses Schwein!*
Der Metzger ohne Fräulein und ohne Gans
Ja – der Meister, was er schafft, das voll und ganz

Liebe Leserinnen und liebe Leser,

ich bedanke mich bei Ihnen, dass Sie sich für diesen ENTGEGEN DER ZEIT – SONDERBAND 3 entschieden haben.

Es freut mich sehr, wenn ich Sie mit den Texten berühren konnte, sie zum Nachdenken, zum Träumen aber auch zum Lachen gebracht habe.

Dieser Sonderband hat mir auch sehr viel Freude bereitet, da er auch meine Vielfalt der Literatur darstellt. Eine Zusammenstellung meines Sammelwerkes.

Ich beschreibe sehr gern diverse Themen und Kategorien, weil mich dies auch persönlich auszeichnet. Auch ich selbst wachse an meinen eigenen Texten. Ob in geschliffener Sprache oder auch mit messerscharfer Zunge.

In diesem Sinne, haben Sie eine gute und angenehme Zeit, bis zur nächsten Reise.

Herzliche Grüße

Christian Hofmann

Christian Hofmann, geboren am 5.3.1986 in Biedenkopf bei Marburg, schreibt seit dem Jahr 2006 Texte aus dem und über das Leben.

Mit dem Band ENTGEGEN DER ZEIT – SONDERBAND 3 stellt er nun wieder Texte aus seinem Sammelwerk seinen Leserinnen und Lesern bereit.

„Ist ein Leben ohne das Schreiben für mich noch denkbar? Ich denke nicht."

Christian Hofmann

Impressum

Bibliografische Information der Deutschen
Nationalbibliothek: Die Deutsche Nationalbibliothek
verzeichnet diese Publikation in der Deutschen
Nationalbibliografie; detaillierte bibliografische Daten sind
im Internet über dnb.dnb.de abrufbar.

© 2020 Christian Hofmann
Herstellung und Verlag: BoD – Books on Demand,
Norderstedt

ISBN: 978-3-7519-5531-7